50 UNICORNI

EDIZIONE TASCABILE

VOL. 1

Da Joyful Pictures ©

Copyright © 2020 da Joyful Pictures

Tavola dei Colori

Questo libro appartiene a

____

____

2

3

5

7

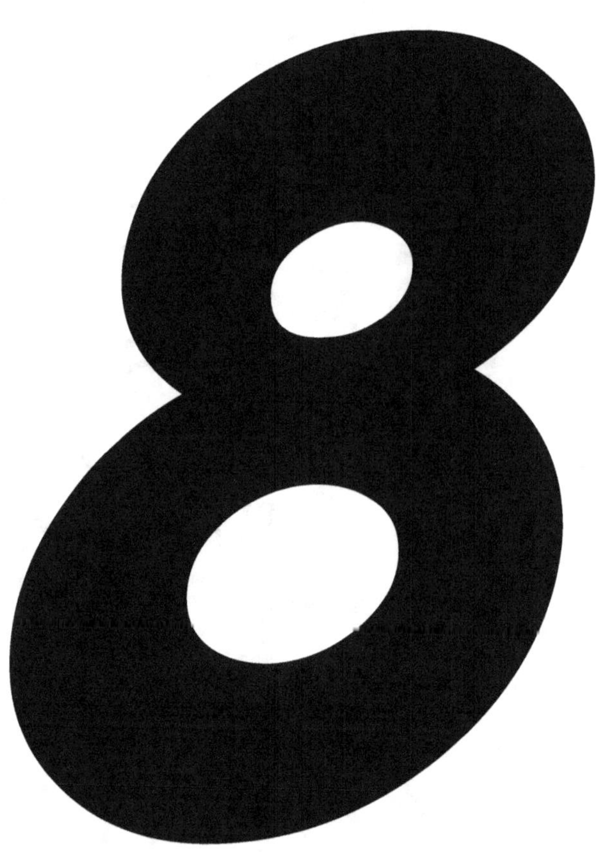

10

11

12

13

14

15

16

17

18

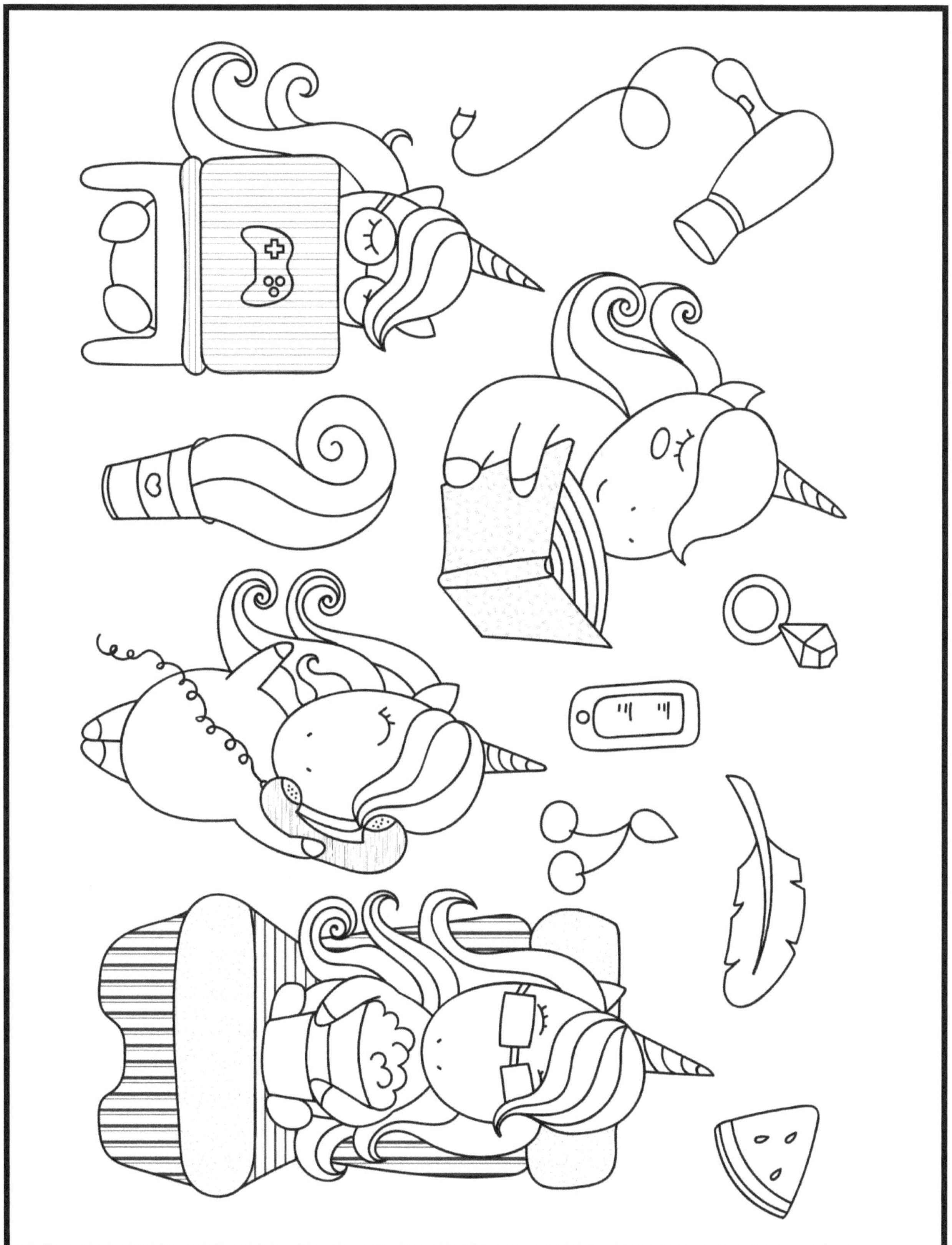

19

20

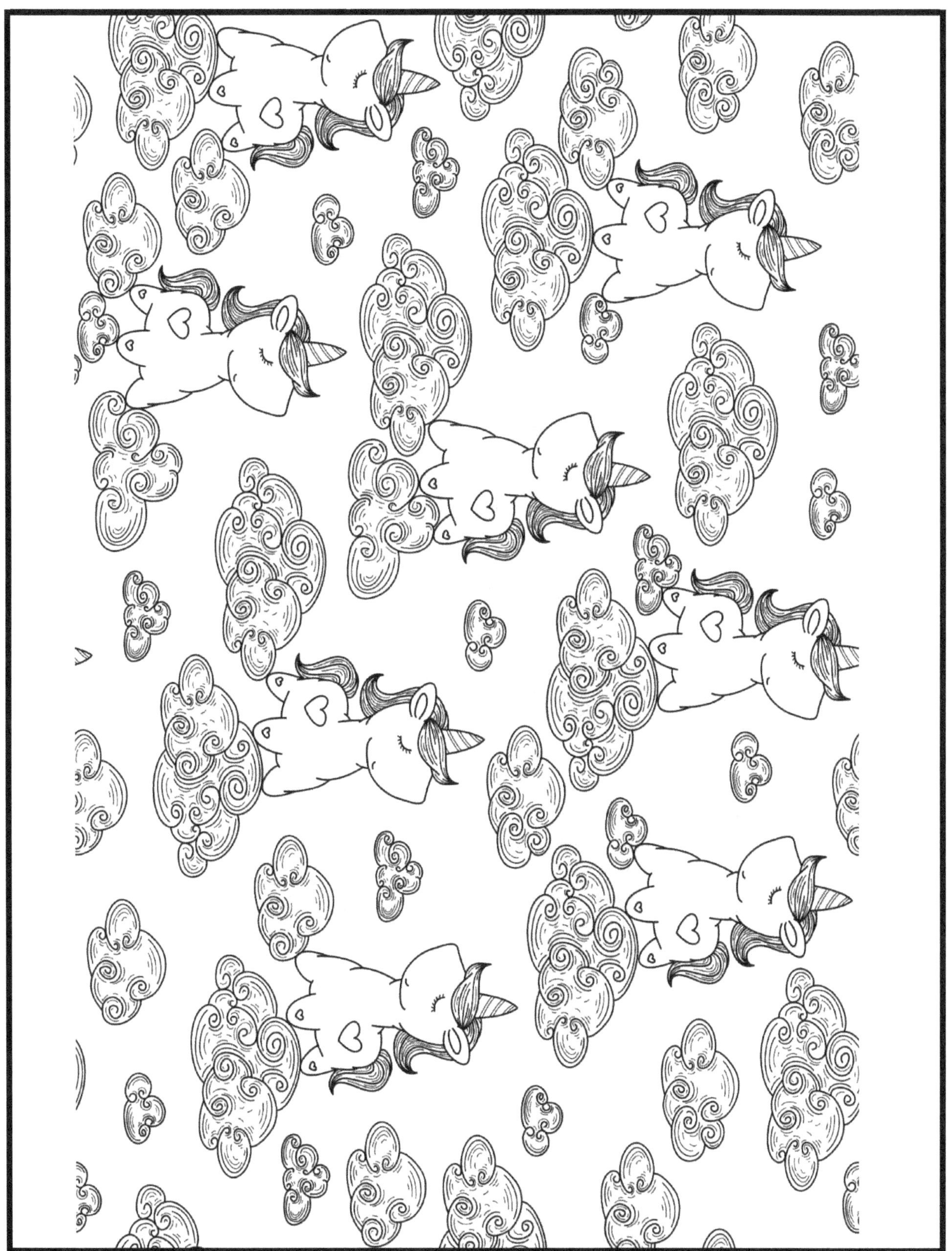

21

22

23

24

25

26

27

28

29

30

32

33

34

35

36

37

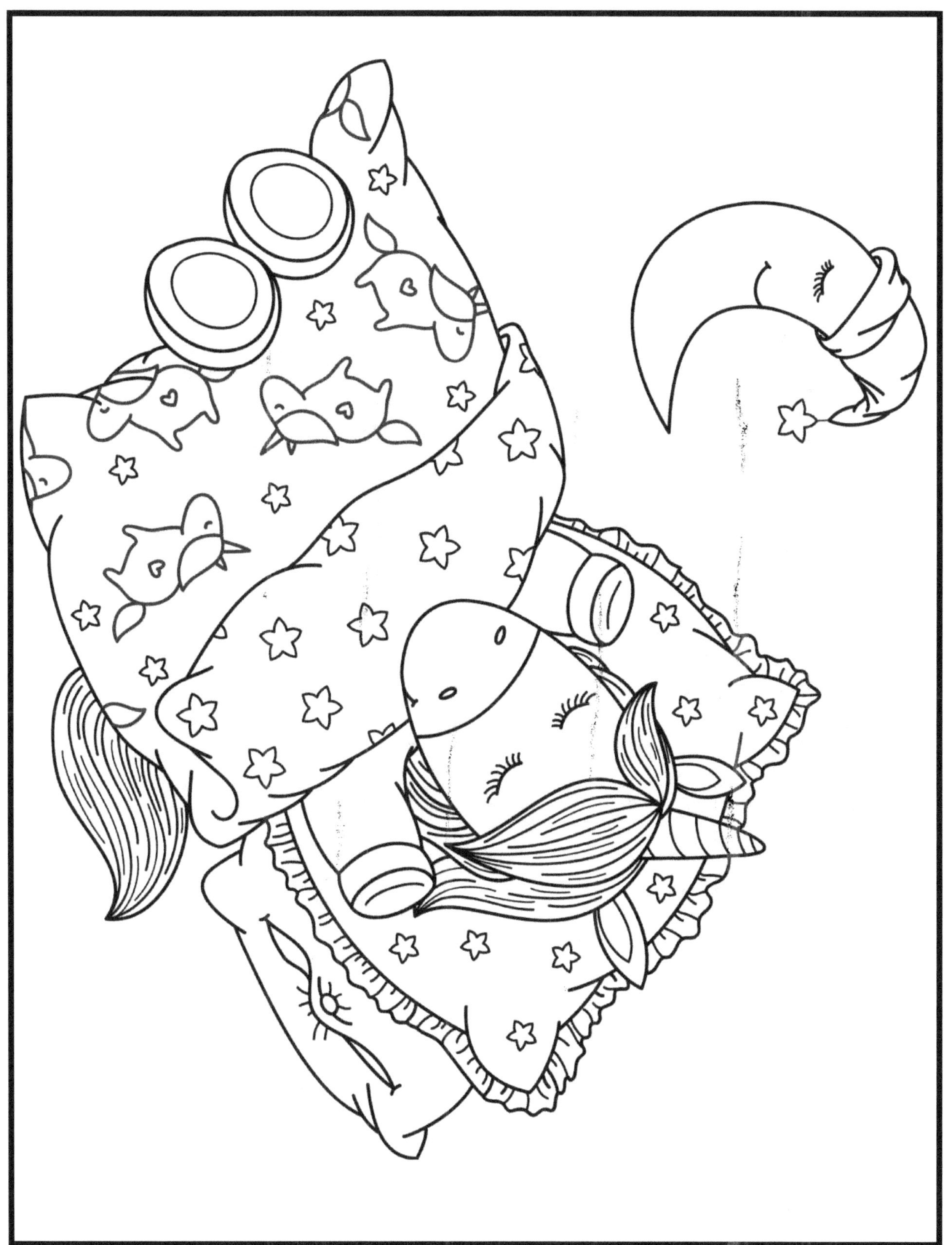

38

39

40

47

42

43

44

45

46

47

48

49

50

Se questo libro ti è piaciuto, lascia una recensione su Amazon.

Per noi la tua opinione conta ♪

JOYFUL PICTURES